WE TRAVEL SO FAR
words by Laura Knowles, pictures by Chris Madden
First published in the UK in 2017 by words & pictures, part of The Quarto Group.
Copyright ⓒ 2017 Quarto Publishing plc
All rights reserved.

Korean translation copyright ⓒ 2018 by Hankyoreh Publishing Company
Korean translation rights arranged with The Quarto Group
through EYA(Eric Yang Agency).

- 이 책의 한국어판 저작권은 EYA(Eric Yang Agency)를 통한 Quarto Publishing plc 사와의 독점 계약으로 한겨레출판(주)이 소유합니다.
- 저작권법에 의하여 한국 내에서 보호를 받는 저작물이므로 무단전재 및 복제를 금합니다.

그림으로 보는 동물의 대이동
동물들의 놀라운 지구 여행기

초판 1쇄 발행 2018년 1월 30일 ｜ **초판 2쇄 발행** 2018년 6월 21일

지은이 로라 놀스 ｜ **그린이** 크리스 매든 ｜ **옮긴이** 김아림
펴낸이 이상훈 ｜ **편집인** 김수영 ｜ **기획편집** 염미희 최윤희 ｜ **디자인** 골무
마케팅 조재성 천용호 박신영 조은별 노유리 ｜ **경영지원** 이해돈 정혜진 장혜정 이송이

펴낸곳 한겨레출판(주) www.hanibook.co.kr ｜ **주소** 서울시 마포구 공덕동 116-25 한겨레신문사 4층
전화 02-6383-1602~3 ｜ **팩스** 02-6383-1610 ｜ **출판등록** 2006년 1월 4일 제313-2006-00003호

ISBN 979-11-6040-125-7 77490

- 값은 뒤표지에 있습니다.
- 이 책의 일부 또는 전부를 재사용하려면 반드시 저작권자와 한겨레출판(주) 양측의 동의를 얻어야 합니다.
- KC마크는 이 제품이 공통안전기준에 적합하였음을 의미합니다.
⚠ 책 모서리에 다치지 않게 주의하세요.

동물들의 놀라운 지구 여행기

지은이 로라 놀스
책 만드는 일을 하다가, 동물과 자연에 대한 그림책을 쓰고 있어요. 호기심 넘치는 고양이 한 마리,
나이 든 금붕어 두 마리와 런던에 살아요. 그동안 《씨앗부터 시작해》《정글에 살았을 때》를 썼어요.

그린이 크리스 매든
디자인과 시각 예술을 공부하고 일러스트레이터로 일해요. 여러 잡지와 신문에 그림을 그렸어요.
아내, 아들과 함께 맨체스터에 살아요.

옮긴이 김아림
생물학과 철학을 공부한 뒤 출판 기획자와 전문 번역가로 활동하고 있어요. 옮긴 책으로
《멋진 천문학 이야기》《다른 나라 아이들은 어떤 집에 살까?》《가장 완벽한 지구책》
《축구공으로 불을 밝혀라!》들이 있어요. thaiqool@gmail.com

나의 세상 전부인 애비와 엘리엇에게,
사랑한다. - 크리스 매든

멀리 있는 친구와 가족들에게
- 로라 놀스

동물들의 놀라운 지구 여행기

로라 놀스 글
크리스 매든 그림
김아림 옮김

한겨레아이들

차례

실제 이야기 …… 6

가장 멀리 헤엄치는 **장수거북** …… 8
넓은 바다를 돌아다니는 **혹등고래** …… 10
물살을 거스르는 **홍연어** …… 12
줄지어 이동하는 **카리브닭새우** …… 14
바다의 모험가 **코끼리바다물범** …… 16
알을 낳으러 떠나는 **유럽뱀장어** …… 18
용감한 여행가 **붉은목벌새** …… 20
바람을 가르는 **나그네알바트로스** …… 22
구름처럼 몰려다니는 **제왕나비** …… 24
따뜻한 남쪽을 찾아가는 **아메리카흰두루미** …… 26
나무에 매달려 사는 **큰박쥐** …… 28
가장 높이 나는 **인도기러기** …… 30
곡식과 풀을 먹어치우는 **사막메뚜기** …… 32
극지방을 오가는 **북극제비갈매기** …… 34
쉬지 않고 돌아다니는 **얼룩말** …… 36

비를 찾아 떠나는 **누** ······ 38
겨울을 기다리는 **북극곰** ······ 40
바다로 알을 낳으러 가는 **붉은물게** ······ 42
햇빛을 좋아하는 **가터뱀** ······ 44
북극을 여행하는 **순록** ······ 46
연못을 찾아가는 **두꺼비** ······ 48
사바나 초원의 여행자 **아프리카코끼리** ······ 50
땅굴을 파는 **노르웨이나그네쥐** ······ 52
빙하를 가로지르는 **황제펭귄** ······ 54
화산으로 떠나는 **갈라파고스이구아나** ······ 56
사람들의 이야기 ······ 58

세계지도 ······ 60

얼마나 멀리 여행할까? ······ 62

실제 이야기

이 책에 실린 이야기들은 실제로 벌어지는 일들이에요.
물속, 하늘, 그리고 땅 위를 따라 놀라운 여행을 떠나는
동물들에 대한 이야기랍니다.

이런 여행을 우리는 동물의 **대이동**이라고 불러요.

동물들은 계절이 바뀔 때 이동하는 경우가 많아요.
어떤 동물은 먹이를 찾아 떠나지만, 어떤 동물은 짝짓기를 하고
새끼를 낳아 키울 완벽한 장소를 찾아 떠나죠.
멀리 이동하는 동물들은 대부분 이런 이유를 한둘씩 갖고 있어요.

동물이 이동하고 싶어하는 건 본능이에요.
무슨 말이냐면, 태어나는 순간부터
머릿속에 새겨진 욕구라는 뜻이랍니다.

이 책은 지구에서 이동하는 동물들의 일부만을
담았어요. 이 밖에도 수많은 동물들이 해마다
믿을 수 없이 먼 거리를 여행한답니다.

다음에 머리 위로 날아가는 새를 본다면
이렇게 생각해 봐요. 어쩌면 아프리카로
날아가고 있는지도 모른다고요!

우리는 바다를 헤엄치다 결국 여러 해 전 우리가 태어났던
바닷가로 길을 찾아 돌아온답니다. 그리고 거기서 알을 낳을 준비를 하죠.
우리가 어떻게 길을 찾는지는 아무도 몰라요.

우리는 **혹등고래**예요.
드넓은 바다를 돌아다니며 먼 거리를 헤엄치죠.

겨울에는 따뜻한 열대 지방의 바다로 헤엄쳐 가요.

열대 바다는 새끼를 낳아 키우기에 딱 좋은 곳이랍니다.

그러다가 여름이 오면, 우리는
얼음이 둥둥 떠 있는 극지방의 바다로 떠나죠.

여기서 우리는 조그만 물고기와
크릴새우를 잔뜩 먹어서
이듬해까지 버티도록 살을 찌우죠.

우리는 **홍연어**예요.
몸이 미끄럽고 반짝거리는 연어죠.

우리는 대양을 가로질러 이동해요.
그리고 결국 처음 태어났던 강으로 돌아오죠.

그러려면 물살을 거스르고,

폭포를 뛰어오르며,

거센 급류를 뚫고,

굶주린 곰을 무사히 지나쳐야 한답니다!

그러다가 잔잔하고 얕은 개울에 닿으면
우리는 알을 낳죠.

이제 우리의 여행은 끝났어요. 우리가 낳은 알에서
새끼가 태어나 또다시 넓은 바다로 여행을 떠날 거예요.

우리는 **카리브닭새우**예요.

우리는 얕은 바닷물에 살아요.
바위 틈새나 갈라진 바닥에 숨죠.
우리는 따뜻하고 잔잔한 바닷물을 좋아해요.

하지만 겨울이 오면,
폭풍우가 들이닥치죠.

서둘러!

이제 우리는 바닷물이 마구 요동치지 않는
깊은 물속으로 떠나야 해요.

우리가 떠나는 모습은 꽤나 볼 만한
구경거리예요. 바다 밑바닥에서 삐죽삐죽한 몸을
서로 길게 잇댄 채 종종대며 움직이거든요!

우리가 어떻게 길을 찾냐고요?
몸속에 우리만의 나침반이 있답니다!

우리는 **코끼리바다물범**이에요.
바다의 모험가랍니다. 몸속에 지방이 많아 물에 잘 뜨죠.

우리는 해마다 두 번 여행을 떠나요.

겨울에 우리는 멕시코와 캘리포니아의 바닷가에서 새끼를 낳아요.

그 세 달 동안은 몸속에 쌓아 둔 지방으로 살아요.
굶주려서 몸은 여위어 가죠.

봄이 오면 우리는 먹이를 찾아 북태평양으로 떠난답니다.

우리는 헤엄쳐요! 그리고 먹어요!
흠, 다시 살이 찌니 좋군요!

여름이 오면 우리는 전에 살던 바닷가로 다시 돌아가요.
그곳에서 해묵은 털과 피부를 벗어 버리죠.

이제 다시 시작이에요! 겨울이 오기 전에 추운 북쪽으로 헤엄쳐
먹이를 먹어 둘 시간이랍니다.

우리는 거대한 대서양을 건너 사르가소 바다에
닿을 때까지 헤엄칠 거예요.

그곳에서 우리는 알을 낳아요.

알에서 **유생***이 깨어나죠.

유생은 다시 강으로 돌아가요.
그곳에서 새끼 뱀장어가 되죠. 그리고 몸집 크고,
나이 많고, 가만히 기다리는 뱀장어가 될 거예요.

***유생** 올챙이처럼 변태하는 동물의 어린 것.
유럽뱀장어 유생도 다 자란 뱀장어와는 완전히
모양이 다르다.

19

우리는 **붉은목벌새**예요.
꽃꿀을 먹고 에너지를 얻는 조그만 새들이죠.

비록 몸무게는 100원짜리 동전보다도 가볍지만,
우리들은 매년 1만 2,000킬로미터까지 날아서 여행한답니다.

봄철에 우리는 북아메리카 동부를 따라 날아요.
꽃을 찾아다니기 위해서랍니다.

여름에는 둥지를 만들고
그 안에서 새끼를 낳아 기르죠.

가을철에는 더 많은 먹이를 구해야 해요. 먹이를 찾으려고
따뜻한 중앙아메리카 남부로 날아가죠.

우리는 **나그네알바트로스**예요.
긴 날개로 바람을 가르며 날아다니죠.

우리는 파도 위로 빠르게 날아요. 그러다가 공중으로 솟구치죠.

우리는 폭풍우가 몰아치는 남극해를 건너요.
몇 시간에 걸쳐 쉬지 않고 날죠.

우리는 밤에 먹이를 먹어요. 그리고 파도가 일렁이는 바다 위에 앉아 쉬죠.
육지에 오는 건 고작 2년에 한 번뿐이랍니다.

짝짓기 상대를 찾아내면 우리는
날개를 활짝 펼쳐요.
그리고 우리만의 춤을 추죠.

우리는
제왕나비예요.

우리는 구름처럼 몰려다니며 예쁜 오렌지색 날개를 퍼덕여요.
우리만큼 멀리까지 나는 곤충은 흔하지 않죠.

여름이 끝날 즈음이면 우리는
꽃꿀을 잔뜩 먹어서 통통해져요.
그리고 하늘로 떼 지어 날죠.

우리는 캐나다와 미국 북부에서 출발해 캘리포니아 해안을 따라 내려가요. 그리고 멕시코에 도착하죠. 엄청나게 많은 수의 나비가 한꺼번에 남쪽으로 날아가는 거예요.

이렇게 겨울에 묵을 장소에 도착하면, 우리는 무리 지어 나무에 매달려요. 그리고 봄이 올 때까지 잠들죠.

우리는 **아메리카흰두루미**예요.
마치 유령처럼 몸이 하얀색이죠.

우리는 북아메리카를 남북으로 가로질러 날아요.
겨울을 지낼 남쪽 지방으로 떠나는 거랍니다.

한때, 사람들은 우리 적이었어요.
사람들이 우리를 사냥하고 서식지를 파괴했거든요.
살아남은 친구들이 거의 없었죠.

하지만 지금은 사람들이 우리를 도와주고 있어요.

어떻게 도와주냐고요? 사람들은 우리가 원래 다녔던
경로를 가르쳐 줘요. 시간과 노력이 드는 일이죠.

사람들이 경비행기를 타고 드넓고 푸른 하늘로
안내하면 우리가 그 뒤를 따라간답니다.

우리는 **큰박쥐**예요.

우리는 밤에 파닥대며 날아다녀요.
달콤한 먹이를 좋아한답니다!

우리는 아프리카에서 살아요.
수천 마리가 떼를 지어 나무에 매달려 살죠.

카산카 국립공원에 있는 나무에 열매가 주렁주렁 열리면
우리는 여기저기서 날아와 마음껏 먹죠.

우리 수는 결코 적지 않아요. 무려 800만 마리나 된답니다!

우리는 **인도기러기**예요.
우린 가장 높이 나는 새랍니다!

하늘 높이 올라가면, 공기는 희박해지고 차가워져요.

산소가 충분하지 않아서 숨을 편히 쉴 수 없죠.
우리는 그래도 계속 비행한답니다.

무척 높은 산맥을 지나야 할 때면 몇 시간 동안
쉬지 않고 날개를 움직여야 해요.
그리고 밤새 계속해서 날아야 하죠.

날개를 계속 퍼덕거려야 하죠.

퍼덕 퍼덕.

아래를 봐요! 히말라야 산맥을 지나고 있어요!

우리는 **사막메뚜기**예요.
우글우글 몰려다니며 게걸스럽게 먹이를 먹어 치우죠.

보통 우리 수는 그렇게 많지 않아요. 각자 혼자 살고요.

하지만 비가 와서 곡식이
푸릇푸릇 신선하게 돋아나면,
우리 숫자는 갑자기 많아져요.

순식간에 수백 수천 마리도 넘는
어마어마한 숫자로 불어나죠!
하도 많아서 소용돌이치는 안개처럼 보여요!

우리는 너무 배가 고파요.
그래서 먹이를 찾아 날아다니는 거죠.

우리는 어딜 가든 들판의 곡식과 풀을 모조리 먹어 치워요.

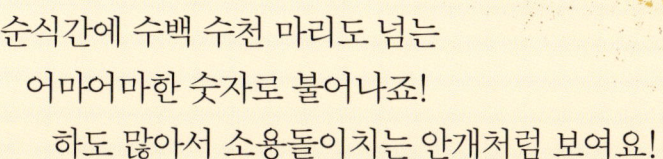

우리는 **북극제비갈매기**예요.
밝은 낮에 춤추듯 날아다니죠.

우리는 극지방에서 극지방으로 이동해요.
여름인 곳으로 찾아가는 거예요.

북극에 가면, 새끼를 낳아서 키워요.

그러다가 새끼들을 데리고 다 함께 남극에 가죠.
그곳에서 물고기와 크릴새우를 잔뜩 먹어요.

우리는 몸집이 작고 잽싸요. 그래서 지구를
가로지를 수 있는 거예요.

우리는 **얼룩말**이에요.
세렝게티 초원에서 우리는 얼룩무늬로 바다를 이뤄요.

우리들은 평생 쉬지 않고 돌아다녀요.

이렇게 계속 돌아다니는 건 먹이를 찾기 위해서예요.

우린 이빨과 위장이 튼튼하죠.
그래서 뻑뻑하고 억센 풀도 문제없이 씹어 먹는답니다.

신선하고 푸릇한 새싹은 남겨 둬요.
그건 가젤과 누의 몫이죠.

우리는 아프리카 평원에 사는 누예요.

우리는 비가 오는 곳을 따라 떠나죠.
풀이 푸릇하게 자라거든요.

육지를 돌아다닐 때는
사자를 조심해야 해요!

그리고 강을 건널 때는 **악어**를 조심해야 하죠!

우리는 발굽으로 쿵쾅 소리를 내면서 행진해요. 땅이 흔들릴 만큼
우당탕 소리를 내죠. 많은 수가 무리 지어 다니니 안전하답니다.

우리는 **누**예요!
엄청나게 많은 수가 무리를 지어 다니죠!
끝이 보이지 않을 만큼 많아요!

우리는 **북극곰**이에요.

우리는 겨울을 기다려 왔어요.

겨울이 되어 바다가 얼어붙기를 기다렸죠.

이제 우리는 빙하 위로 여행을 떠날 수 있어요.

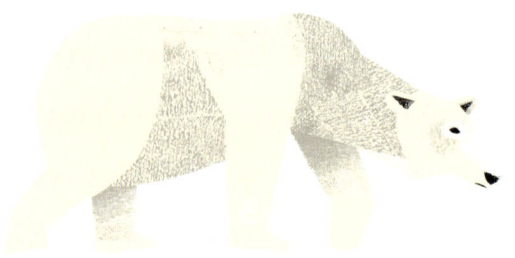

또 얼어붙은 북극해에서 사냥을 할 수 있죠.

여행하는 동안 새끼들은 튼튼하게 자랄 거예요.

이 차갑고 하얀 세상에서 살아남는 방법을 배울 테죠.

하지만 지금처럼 날씨가 점점 따뜻해지면 얼음은 사라질 거예요.
얼음이 사라지면, 우리가 먹이를 사냥할 장소도 사라지죠.

얼음이 녹아 버린 따뜻한 세상에서 우리는 어떻게 살아가야 할까요?

우리는 **붉은뭍게**예요.
우리는 인도양에 자리한 크리스마스 섬에 무척 많이 살죠.

우리는 열대림에서 바닥에 떨어진 잎과 씨앗을
먹고 살아요.

우리가 사는 곳에서 일주일쯤 가면 바닷가에 도착해요.
우리들의 붉은색 물결과 푸른색 파도가 만나요.
왜 이렇게 먼 곳까지 왔냐고요?

밀물이 가장 높이 차오를 때 알을 낳아
바닷물에 알이 씻겨 가도록 하기 위해서죠.

가을비가 내리기 시작하면
이제 돌아갈 시간이에요.

바닷가에서 옆으로 종종걸음 치며 이동하면
마치 붉은 강물이 바다로 흘러드는 것 같답니다!

우리는 **가터뱀**이에요.
　　겨울에는 잠을 자죠.

해마다 가을이 오면 우리는 땅속 굴로 이동해요.
추운 계절 내내 잠을 자는 거죠.
좁은 공간에 수백 마리의 뱀들이 같이 엉켜 있어요.

그러다 봄이 오면, 우리는 따뜻한 햇빛 아래로 나와요.
피부를 따뜻하게 덥히는 거죠.

몸이 **따뜻해져요**!
잠에서 **깨어나요**!
짝짓기할 **준비**가 되었어요.

이제 여름 별장으로
스륵스륵 미끄러져 돌아갈 때예요.

우리는 풀과 덤불 사이에 몸을 숨겨요.
연못과 시내가 가까이에 있죠.

우리는 다른 동물들처럼 멀리까지 이동하지는 않아요.
하지만 이동하는 시기를 무척 정확히 지킨답니다. 양탄자처럼
잔뜩 몰려나와 일광욕을 하는 뱀이라니, 꽤 볼 만한 구경거리죠?

우리는 **순록**이에요.
두꺼운 털로 무장한 채 얼어붙은 북극을 여행하죠.

해마다 우리는 길고 구불구불한 줄을 지어 길을 떠나요.
네 발 달린 동물 중 우리보다 멀리 이동하는 동물은 없을 거예요.

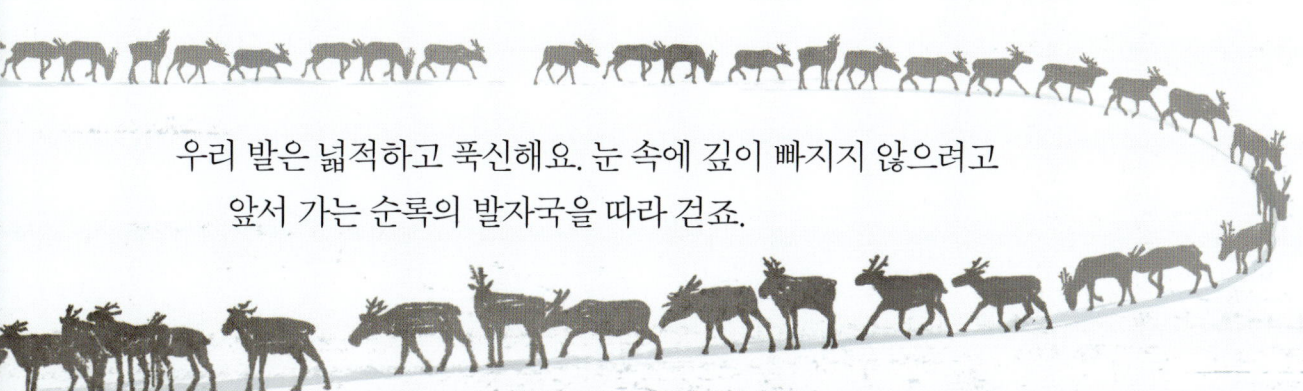

우리 발은 넓적하고 푹신해요. 눈 속에 깊이 빠지지 않으려고
앞서 가는 순록의 발자국을 따라 걷죠.

봄이면 북쪽으로 떠나요. 푸릇푸릇하게 돋은 풀을 뜯을 수 있죠.
가을에는 남쪽으로 떠나요.
거기서 눈을 긁어 내고 이끼류를 야금야금 먹죠.

그리고 머지않아 다시 여행을 시작할 거예요.

우리는 **두꺼비**예요.

우리는 정원과 들판을 따라 이동하죠.
개울과 길을 가로질러 가요.

해마다 우리는 처음 태어났던 연못으로 다시 돌아가요.
우리가 알에서 부화되었던 연못이죠.

우리는 서늘하고 습한 밤에 줄지어 이동해요.

우리 앞에 뭐가 있든 뛰어넘어 행진하죠.

수많은 두꺼비 떼가 한꺼번에
행진하는 모습을 상상해 봐요.

우리는 **아프리카코끼리**예요.
사바나 초원의 덩치 큰 친구들이죠.

우리는 키 큰 수풀
사이로 행진해요.

휙 휙.

우리는 마른 흙을
가로질러 행진해요.

쿵 쿵.

우리의 대장이 길을 이끌어요. 가장 나이가 많고
힘이 센 암컷 코끼리죠. 대장은 먹이와 물이 어디 있는지
기억하고 있답니다.

건조한 계절에는 물웅덩이가 바짝 말라 있죠.
목이 마른 코끼리들이 모이면서 더 커다란 무리를 이뤄요.

우리는 계속 앞으로 행진해요.
목적지인 강에 닿을 때까지요.

우리는 **노르웨이나그네쥐**예요.

우리는 땅굴을 파느라 바쁜 털북숭이예요.

우리는 노르웨이의 산악 지대와 툰드라 지역에 살죠.

우리는 나무를 갉고, 땅을 파요. 먹이를 먹고, 잠을 자고, 새끼를 치죠.

우리는 새끼를 아주아주 많이 낳아요.

먹이가 풍부한 해에는 새끼를
지나치게 많이 낳기도 하죠.

나그네쥐가 너무 많아져요!

그러면 살 공간이 부족해요! 먹이도 부족해요!

우리는 어디로 가야 할까요?

우리는 허둥대며 원래 살던 집에서 떠나요.
새로 살 곳을 찾아 떠나는 거죠.

우리는 **황제펭귄**이에요.
꽁꽁 얼어붙은 곳에서 살아요.

우리가 빙하를 가로질러 발을 끌며
천천히 돌아다니는 모습 좀 봐요.

새끼들은 먹이만 기다리고 있어요.

암컷과 수컷은 번갈아 가며
먼 거리를 이동해 바다로 가죠.
그리고 바다에서 물고기를 잡아요.

거의 다 왔어요!

우리가 사는 곳이 보이나요?

빙하 위로 보이는 검은색 점들이 바로
우리 황제펭귄이랍니다!

우리는 **갈라파고스이구아나**예요.
따뜻한 곳을 찾아 땅을 파 들어가는 습성이 있어요.

우리는 페르난디나 섬의 용암이 식어 만들어진 땅에 살아요.
갈라파고스 제도에 있는 작고 외딴 섬이죠.

알을 낳을 때가 되면, 우리는 화산 가장자리로 오르기 시작해요.
시간도 오래 걸리고 힘든 여정이죠.

여기서 우리는 부드러운 화산재를 파고 보금자리를
만들어요. 화산의 열기가 알이 부화할 때까지
보금자리를 따뜻하게 지켜 줄 거예요.

우리는 전 세계에 사는 **사람들**이에요.

우리는 여러 가지 이유로 다양한 곳으로 떠나죠.

우리는 모험을 하려고 떠나요.
우리는 어떤 문제의 답을 찾아서 떠나요.

우리는 먹을 것을 찾아서 떠나요.
우리는 자유를 찾아서 떠나요.

우리는 안전을 찾아서 떠나요.
우리는 사랑을 찾아서 떠나요.

우리는 사람들이에요.
우리도 멀리 여행을 한답니다.

세계지도

이 책에 등장하는 동물들의 여행 경로를 아래 지도에서 손으로 짚어 봐요.

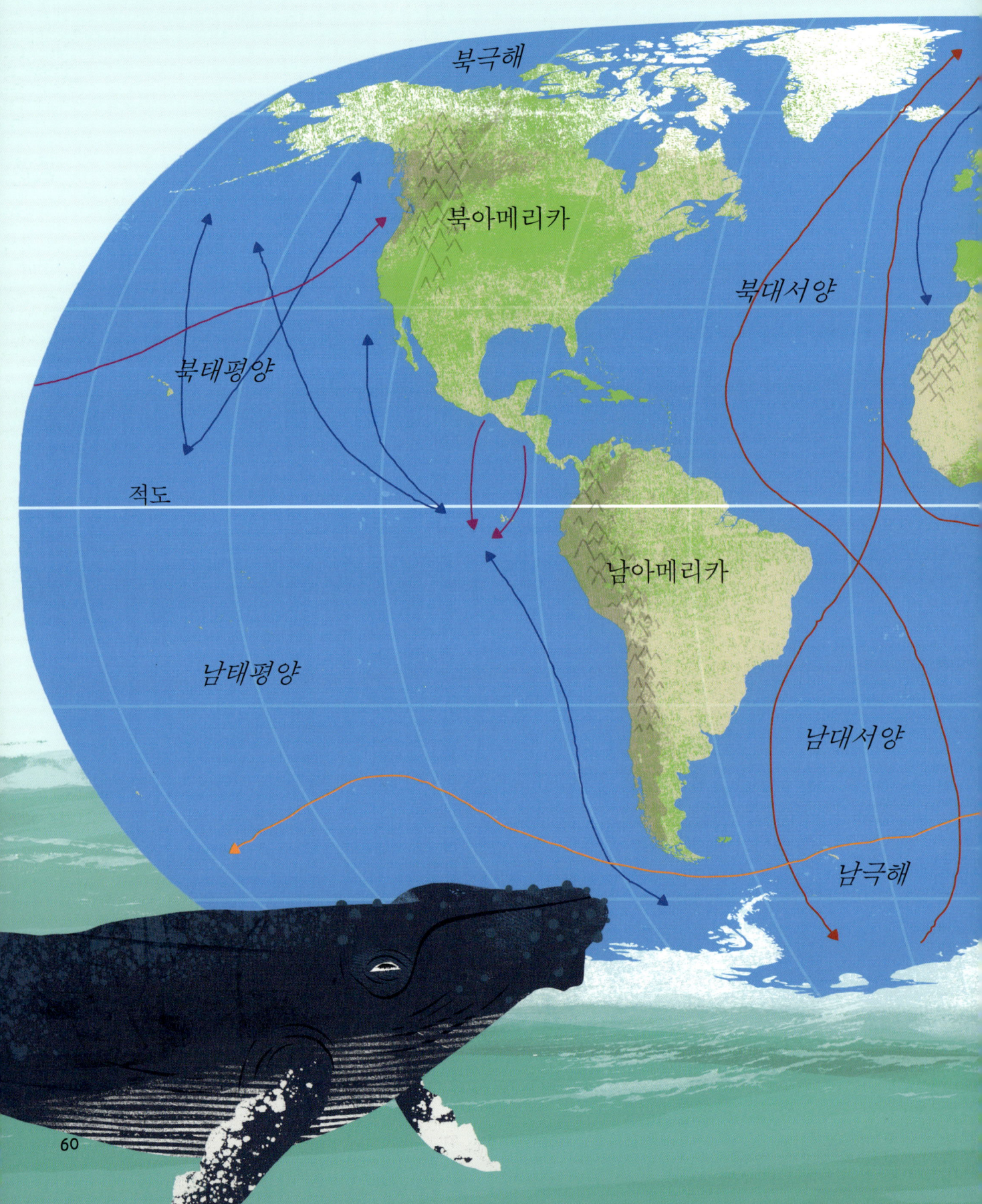

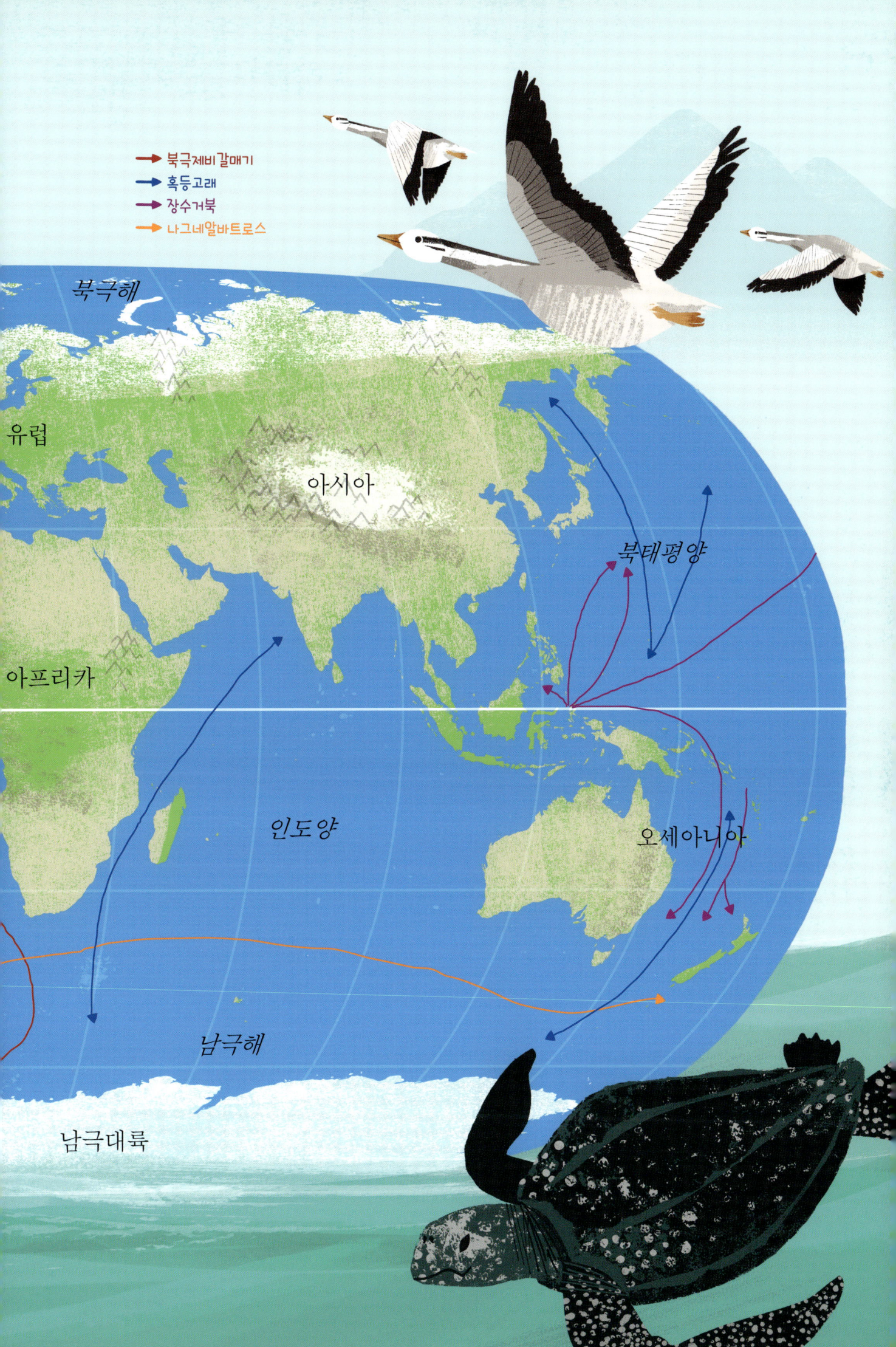

얼마나 멀리 여행할까?

이 책에 등장하는 동물들이 얼마나 먼 거리를 이동하는지 비교해 봐요.

물속에서 여행해요

장수거북

매년 1만 6,000킬로미터.
새끼를 치는 따뜻한 지역에서
먹이를 먹는 추운 지역으로 이동해요.
주로 대서양, 태평양, 인도양, 지중해의
열대와 온대 바다에 살아요.

카리브닭새우

편도 최대 50킬로미터.
얕은 해안에 있다가 겨울에 깊은 바닷물로
이동해요. 카리브해, 멕시코만, 그리고
미국 캘리포니아 북부에서 브라질에 이르는
대서양 서부에 살아요.

혹등고래

편도 8,200킬로미터.
여름철에는 먹이를 먹는 극지방에 머물다가
겨울이면 새끼를 치는 열대 지방으로 이동해요.
전 세계 바다에 서식해요.

코끼리바다물범

수컷 매년 2만 1,000킬로미터,
암컷 매년 1만 8,000킬로미터.
먹이를 찾기 위해 먼 바다로 떠났다가
겨울에 새끼를 낳기 위해 육지로
돌아와요. 북아메리카 태평양 연안의
캘리포니아와 바하칼리포르니아 등지의
해안과 섬에 서식해요.

홍연어

강 상류 1,600킬로미터.
육지와 맞닿지 않은
바다에서 강 상류로 이동해요. 호수나
개울에서 짝짓기를 하고 알을 낳아요.
베링해에서 일본까지, 알래스카에서
캘리포니아까지 서식해요.

유럽뱀장어

최대 8,000킬로미터.
성체는 민물인 유럽의 강과 호수에서
출발해 대서양 서부의 사르가소해를
가로질러요. 그리고 유생은 해류를 타고
강으로 다시 이동해요.

하늘을 날아 여행해요

붉은목벌새

편도 최대 6,000킬로미터.
여름에 북아메리카 동부에서 새끼를 낳고
겨울에 중앙아메리카로 이동해요.

큰박쥐

편도 최대 2,000킬로미터.
적도 아프리카 등지에서 새끼를 낳고
약 3개월에 걸쳐 북부와 남부 아프리카로
이동해요. 이곳에서 제철 과일을 먹어요.

나그네알바트로스

최대 2만 킬로미터.
가장 긴 날개 길이(3.5m) 기록 보유자!
남극 대륙 주위를 한 바퀴 일주해요.
먹이를 찾아 남극해 위로 비행해요.

인도기러기

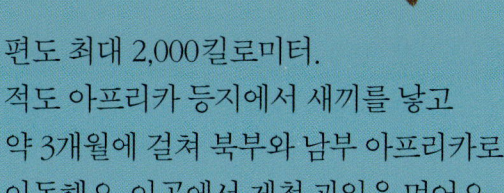

비행 높이 1만 미터 이상.
가장 높이 날아서 이동하는 기록 보유자!
히말라야 산맥 일대에서 비행해요.

제왕나비

최대 4,600킬로미터.
미국 동부와 캐나다 사이에서 새끼를 낳고
멕시코에서 겨우내 휴식을 취해요. 또 미국
서부에서 새끼를 낳고 캘리포니아 주에서
겨우내 휴식을 취하기도 해요.

사막메뚜기

하루에 약 130킬로미터, 총 수천 킬로미터.
사하라 사막 남쪽의 아프리카에서
서아시아 사이에 살다가 근처의
아프리카, 남유럽, 아시아로 이동해요.

아메리카흰두루미

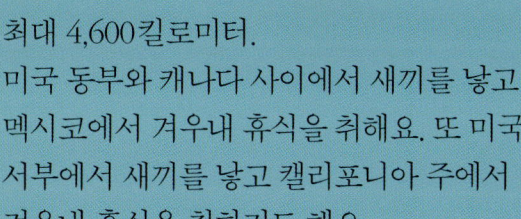

편도 최대 4,000킬로미터.
북쪽 내륙의 새끼 낳는 장소(주로 캐나다의
우드 버펄로 국립공원)에서 남쪽 해안(주로 미국
텍사스 주 애런사스 국립 야생동물 보호구역)으로
이동해 겨울을 나요.

북극제비갈매기

매년 약 8만 500킬로미터.
새 가운데 가장 멀리(9만 6,000km) 이동하는
기록 보유자! 북극과(북반구의 여름철)
남극(남반구의 여름철) 사이를 이동해요.
북극에서 새끼를 낳아요.

땅 위에서 여행해요

얼룩말

매년 최대 3,200킬로미터.
풀이 나는 곳을 찾아 동아프리카의 세렝게티
평원과 마사이마라 사이를 빙 돌아 이동해요.

누

매년 최대 3,200킬로미터.
비가 오는 곳을 찾아 아프리카 대초원을
행진해요.

북극곰

매년 최대 1,125킬로미터.
겨울에는 얼어붙은
북극해에서 지내다가 여름에는 북부 캐나다와
그린란드, 러시아의 툰드라로 이동해요.

붉은물게

편도 최대 4킬로미터.
내륙의 열대림과 인도양의 크리스마스 섬 해안
사이를 이동해요.

가터뱀

편도 약 20킬로미터.
겨울에 굴에서 동면하다가 여름에 습지대로
이동해 서식해요.

노르웨이나그네쥐

최대 160킬로미터.
수가 갑자기 불어나면 나그네쥐는 덜 붐비는
새로운 서식지를 찾아 이동해요. 이런 이동은
3년에서 5년마다 한 번씩 일어나요.

순록

매년 최대 5,000킬로미터.
육지 포유류 가운데 가장 먼 곳까지 이동하는
기록 보유자! 봄에는 북쪽으로 툰드라까지,
겨울에는 남쪽으로 숲까지 이동해요.
캐나다, 그린란드, 알래스카, 러시아 북부,
노르웨이와 핀란드 일부에 서식해요.

두꺼비

50미터에서 5킬로미터까지.
겨울에 동면하는 장소와
새끼 낳는 연못 사이를 이동해요.

아프리카코끼리

수백 킬로미터.
먹이와 물, 짝짓기 상대를 찾아
아프리카의 사바나 초원을
계절에 따라 이동해요.

황제펭귄

한 번에 최대 160킬로미터.
북극의 빙하에서
새끼를 낳고 넓은 바다로
이동해 먹이를 구해요.

갈라파고스이구아나

편도 최대 16킬로미터.
갈라파고스 제도
페르난디나 섬의 라 쿰브레 화산 분화구로
올라가요. 이곳에서 따뜻한 화산재 속에
알을 낳아요.